LAS MATEMÁTICAS EN NUESTRO MUNDO

USAMOS MATEMÁTICAS
EN LA FIESTA DEL SALÓN

Please visit our web site at: www.garethstevens.com
For a free color catalog describing our list of high-quality books,
call 1-800-542-2595 (USA) or 1-800-387-3178 (Canada).

Library of Congress Cataloging-in-Publication Data available upon request from publisher.

ISBN-13: 978-0-8368-8493-7 (lib. bdg.)
ISBN-10: 0-8368-8493-0 (lib. bdg.)
ISBN-13: 978-0-8368-8502-6 (softcover)
ISBN-10: 0-8368-8502-3 (softcover)

This edition first published in 2008 by
Weekly Reader® Books
An imprint of Gareth Stevens Publishing
1 Reader's Digest Road
Pleasantville, NY 10570-7000 USA

Managing editor: Dorothy L. Gibbs
Art direction: Tammy West
Photographs: Kay McKinley

Spanish edition produced by A+ Media, Inc.
Editorial director: Julio Abreu
Chief translator: Luis Albores
Associate editor: Carolyn Schildgen
Graphic design: Faith Weeks

Printed in the United States of America

1 2 3 4 5 6 7 8 9 11 10 09 08 07

LAS MATEMÁTICAS EN NUESTRO MUNDO

USAMOS MATEMÁTICAS
EN LA FIESTA DEL SALÓN

por Amy Rauen

Fotografías de Kay McKinley

Consultora de lectura: Susan Nations, M.Ed.,
autora/tutora de alfabetización/consultora de desarrollo de la lectura

Consultora de matemáticas: Rhea Stewart, M.A.,
asesora en contenido matemático

WEEKLY READER
PUBLISHING

Hoy es el último día de clases.
La clase de la señorita Green tiene una
fiesta. Hay panecillos. También hay jugo.

Los niños comerán juntos.
Jugarán. Escucharán un cuento.
¡Será un día divertido!

7

Primero todos los niños toman sus panecillos. Los panecillos serán un buen refrigerio. Hay 7 panecillos de plátano.

$$7 - 5 = 2$$

La señorita Green les da a los niños 5 panecillos de plátano. ¿Cuántos panecillos quedan en la mesa? Quedan 2 panecillos de plátano.

8

Ahora los demás niños toman sus panecillos. Éstos tienen sabrosas moras azules. Hay 8 panecillos de moras azules.

$$8 - 4 = 4$$

La señorita Green les da a los niños
4 panecillos de moras azules. ¿Cuántos
panecillos de moras azules quedan en
la mesa? Quedan 4 panecillos de
moras azules.

3

Los niños escogen sus jugos. Hay
jugo de uva. También hay jugo de
manzana. Hay 3 niños que quieren
jugo de uva.

3 + 7 = 10

Hay 7 niños más que quieren jugo de uva. Hay 10 niños en total que quieren jugo de uva. Sabe muy rico.

1

Los niños casi terminan sus refrigerios.
Algunos niños todavía quieren jugo. Hay
un niño que quiere jugo de manzana.

$$1 + 4 = 5$$

Hay 4 niños más que quieren jugo de manzana. Hay 5 niños en total que quieren jugo de manzana. Está frío.

9

Ha terminado la hora de los refrigerios.
Ahora los niños escogen una actividad.
Los niños quieren pintar. Hay 9 pinceles
para pintar.

$$9 - 5 = 4$$

Los niños toman 5 pinceles. ¿Cuántos pinceles quedan? Quedan 4 pinceles en la mesa. Ahora los niños pueden hacer sus dibujos.

4

Algunos niños quieren jugar con títeres.
Darán un show de títeres para la clase.
Tienen 4 títeres en una bandeja.

4 − 3 = 1

Los niños toman 3 títeres de la bandeja.
¿Cuántos títeres quedan? Queda 1 títere
en la bandeja.

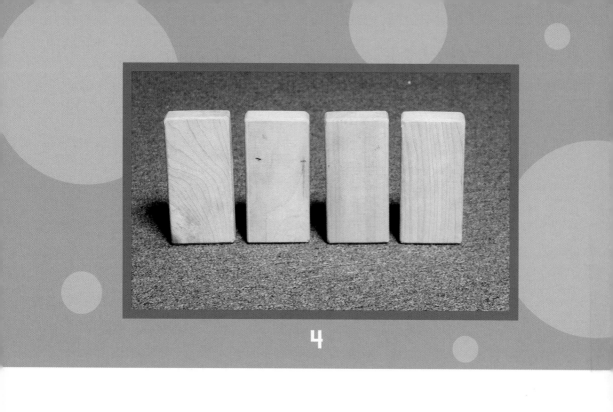

4

Algunos niños quieren jugar con bloques de madera. Usarán los bloques para construir una casa. Primero sacan 4 bloques grandes.

4 + 2 = 6

Después los niños sacan 2 bloques pequeños. Ahora tienen 6 bloques de madera en total. Están listos para construir la casa.

9

Es la hora de escuchar un cuento. Los
niños recogen sus cosas. Después, 9 niños
se sientan en la alfombra.

$$9 + 6 = 15$$

Ahora, 6 niños más se sientan en la alfombra. Un total de 15 niños están sentados en la alfombra. La señorita Green lee el cuento.

La campana suena. Es hora de irse.
Los niños se despiden de la señorita
Green. Ella les desea un buen verano.

Fue un año divertido para todos.
Los niños aprendieron mucho. Hicieron
muchos amigos. ¡Están deseosos de
regresar a la escuela!

Glosario

es igual a = $1 + 7 = 8$
1 más 7 es igual a 8.

más + $6 + 3 = 9$
6 más 3 es igual a 9.

menos − $8 - 6 = 2$
8 menos 6 es igual a 2.

Nota acerca de la autora

Amy Rauen es la autora de 13 libros de matemáticas para niños. También diseña y escribe software educativo. Amy vive en San Diego, California con su esposo y dos gatos.